# 똑똑한 한글 떼기

## 1

### 기본 모음 · 기본 자음편

**처음부터 차근차근! 놀이학습으로 재미있게 배워요**

소리 익히기 → 글자 익히기 → 낱말 익히기 → 한글 놀이 → 반복 연습

*개정교육과정(2022)반영

### 흥미를 잃지 않도록 한글 가르치기

한글을 가르칠 때, 흔히 "가갸거겨고교구규" 순서대로 글자를 익히게 하는 경우가 많습니다. 하지만 "갸", "겨"와 같은 글자는 일상생활에서 자주 쓰이지 않습니다. 한글 학습 초기에 이런 글자를 강조한다면 원리만을 중시하게 되어 아이들이 쉽게 흥미를 잃을 수 있습니다.

대부분의 아이들은 자신의 이름을 가장 먼저 읽습니다. 이는 자신과 가장 밀접하게 관련된 문자이자, 일상에서 자주 접하기 때문입니다. 이 점을 활용해 아이의 생활과 밀접한 문자를 자주 노출시키는 것이 중요합니다. 같은 글자를 반복적으로 접하다 보면 학습 효과가 높아지고, 자연스럽게 읽는 능력을 키울 수 있습니다. 지나치게 원리에만 집중하기보다는 실생활에서 접할 수 있는 단어와 문자를 중심으로 아이가 한글을 재미있게 배울 수 있도록 도와주세요.

### 빈도수를 고려하여 직관적으로 익히기

이 교재는 국립국어원의 자료를 참고로 현대 국어에서 쓰이는 자모 사용 빈도를 고려하였습니다. 아이들을 둘러싼 한글 생활을 반영하여 '가갸거겨고교'가 아닌 '아, 어, 오, 우' 순서로 많이 보고 많이 쓰이는 익숙한 글자와 단어를 먼저 익히게 됩니다.

한글은 글자를 쉽게 익힐 수 있도록 만든 과학적인 문자입니다. 자음자의 기본자인 'ㄱ, ㄴ, ㄷ, ㅅ, ㅇ'은 사람의 발음기관 모양을 본 떠 만들었습니다. 'ㄱ(기역)'은 혀 뿌리가 목구멍을 막는 모양, 'ㄴ(니은)'은 혀 끝이 윗잇몸에 붙는 모양, 'ㅁ(미음)'은 입술 모양, 'ㅅ(시옷)'은 이 모양, 'ㅇ(이응)'은 목구멍 모양입니다. 이처럼 소리를 낼 때 그 모양을 보고 자음자를 유추할 수 있으므로 상당히 직관적입니다. 모음의 기본자 'ㆍ, ㅡ, ㅣ'는 각각 하늘의 둥근 모양, 땅의 평평한 모양, 사람이 서 있는 모양을 본 뜬 것입니다. 한글은 어렵게 원리를 설명하기 보다는 여러 번 정확한 발음과 문자가 일치될 수 있도록 소리를 직접 내보면 좋습니다.

### 쉽고 재미있게 반복하기

같은 글자를 정확하게 익히려면 여러번 반복하는 과정이 필수적입니다. 색칠을 해보거나, 동그라미로 표시를 해보거나, 소리를 내어 읽거나 등등 하나의 글자를 다양한 활동으로 반복하다보면 그 글자는 저절로 익히게 됩니다. 지금 시작해도 늦지 않습니다. 영재가 아니어도 쉽게 깨칠 수 있도록 탄탄히 구성했습니다. 부모님의 조급함은 숨겨주시고 한글 깨치기의 재미를 느낄 수 있도록 함께 즐겨주세요.

# 구성과 특징

일상생활에서 자주 쓰이는 한글과 초등학교 국어 과목에서 쓰이는 중요도를 고려하여 '글자 인식'부터 '글자 쓰기'까지 짜임새 있게 구성하였습니다. 아이들의 흥미와 관심을 유발하여 한글 학습을 지속, 반복할 수 있도록 여러 가지 활동을 배치하였습니다.

## 소리 익히기

기본 자음, 모음을 하나씩 천천히 관찰하고 각각 어떻게 소리 나는지 그림과 함께 확인할 수 있습니다.

## 글자 익히기

자신의 원하는 대로 글자 색칠하기, 해당 글자를 찾아 동그라미 하기 등의 활동을 통해 글자를 제대로 인식할 수 있습니다.

## 낱말 익히기 / 확인 연습

글자 따라쓰기, 빈칸에 들어갈 글자 잇기, 글자에 맞는 붙임 딱지 붙이기, 짧은 글 소리내어 읽기 등의 활동을 통해 해당 글자가 쓰이는 단어를 확인하면서 글자를 익힐 수 있습니다.

## 한글 놀이

미로 찾기, 숨은 그림 찾기, 글자 찾아 색칠하기 등 다양한 놀이를 통해 앞에서 배운 글자를 재미있게 깨칠 수 있습니다.

## 아는 글자 한번 더

틀린 글자 바르게 고쳐쓰기, 길 찾아 이름 적기, 빈칸에 공통 글자 적기 등 그동안 배운 글자들을 반복해서 즐겁게 익힐 수 있습니다.

# 차례

 부록: 새로 배운 낱말을 가나다순으로 모아두었어요.(225개 어휘)

 정답은 홈페이지에서 내려받을 수 있어요.
(www.jplus114.com)

# 바른 선 긋기

🐰 **연필을 바르게 잡아요.**

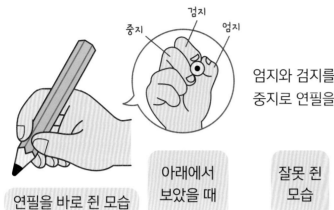

중지  검지  엄지

엄지와 검지를 모아 연필 아랫부분을 쥐어요.
중지로 연필을 받쳐요.

연필을 바로 쥔 모습

아래에서
보았을 때

잘못 쥔
모습

 X  X X

🐻 **선을 그어 보세요.**

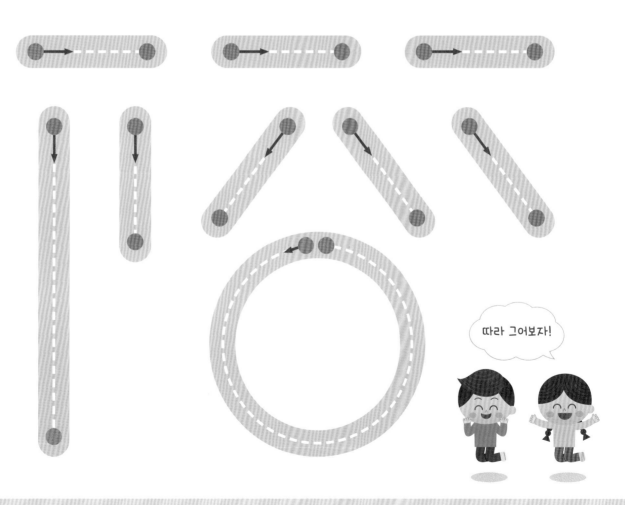

따라 그어보자!

# 1단계

# 모음자 ㅏ ㅓ

## 소리 익히기

✓ 글자를 천천히 관찰하고 소리를 확인하세요.

ㅏ  ㅏ  ㅏ

아

입을 크게 벌리고 밝은 느낌

아기

부모님이 평소보다 크고 정확하게 소리를 내주세요.

ㅓ  ㅓ  ㅓ

어

입을 보통으로 벌리고 어두운 느낌

어부

부모님이 '아'와 '어'를 연속으로 소리 내어 소리의 차이를 알도록 해주세요.

✓ 다음 글자를 순서대로 소리내어 읽어 보세요.

❶  ㅏ  ㅏ  ㅓ  ㅏ

❷  ㅏ  ㅏ  ㅓ  ㅓ

 글자 익히기

월 일

1

🎨 글자를 자유롭게 색칠하고 큰소리로 읽어 보세요.

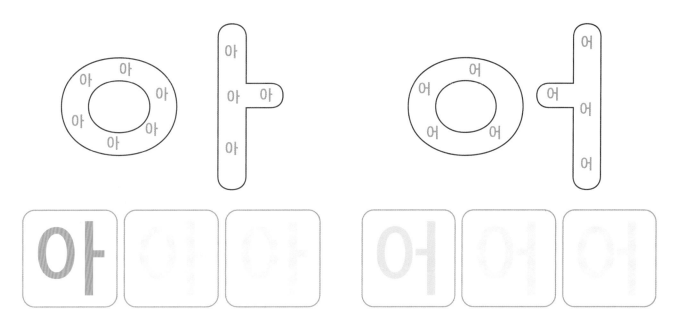

✏️ 그림에 맞는 첫 글자를 찾아 ◯표 하세요.

(아) 어 오 우
기

오 아 어 우
부

아 야 어 여
침

우 아 요 어
머 니

모음자 ㅏ ㅓ  9

 '아'를 찾아 ◯표 하고 따라 써 보세요.

아

아버지　　피아노　　아주머니

아파트　　아래　　송아지

아 아 아 아 아

'어'를 찾아 ◯표 하고 따라 써 보세요.

# 어

어머니     문어     악어

어린이     상어     오징어

어 어 어 어 어

글자를 쓰고 글자에 맞는 붙임 딱지를 붙여 보세요.

 모르는 단어는 부모님이 손가락으로 짚으면서 소리 내어 알려주세요.

 나 비

붙임 딱지 너 구 리

 ㅂ ㄷ

 ㄱ 울

 ㅇ 기

붙임 딱지 ㅎ 리

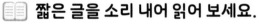 짧은 글을 소리 내어 읽어 보세요.

상어는 하하하
오징어는 허허허
문어도 호호호
파란 바다 속 신나는 노래

12

# 한글 놀이

✏️ 다람쥐가 도토리를 먹을 수 있도록 미로를 통과해 보세요.

'아' '어'를 따라가면 길이 나와요.

아

아

어

아

야

애

오

우

어

어

어

아

으

아

유    어

※ 스스로 할 수 있도록 부모님은 지켜봐 주세요.

# 모음자 ㅗ ㅜ

✔ **글자를 천천히 관찰하고 소리를 확인하세요.**

| ㅗ | 👄 오 | 🦆 오리 |

입술을 내밀며 동그랗게 하고
밝은 느낌

ㅗ  ㅗ  ㅗ

 부모님이 평소보다 크고
정확하게 소리를 내주세요.

| ㅜ | 👄 우 | 🥛 우유 |

입술은 둥글게 오므려
앞으로 내밀며 어두운 느낌

ㅜ  ㅜ  ㅜ

부모님이 '오'와 '우'를 연속으로
소리 내어 소리의 차이를 알도록
해주세요.

✔ **다음 글자를 순서대로 소리내어 읽어 보세요.**

❶ ㅗ  ㅜ  ㅜ  ㅗ

❷ ㅜ  ㅜ  ㅗ  ㅗ

 **글자 익히기**

2

🎨 글자를 자유롭게 색칠하고 큰소리로 읽어 보세요.

✏️ 그림에 맞는 첫 글자를 찾아 ○표 하세요.

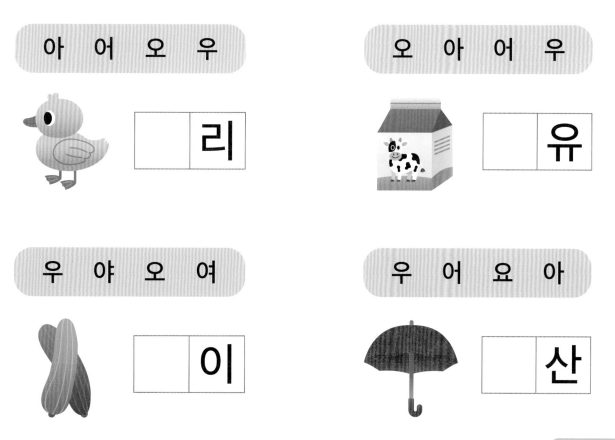

아 어 오 우      오 아 어 우

□ 리      □ 유

우 야 오 여      우 어 요 아

□ 이      □ 산

모음자 ㅗ ㅜ  15

 '오'를 찾아 ○표 하고 따라 써 보세요.

오

오징어 　　　 오리 　　　 오이

라디오 　　　 오토바이 　　　 오렌지

'우'를 찾아 ○표 하고 따라 써 보세요.

우

우주  우표  우산

우동  여우  지우개

## 확인 연습

 글자를 쓰고 글자에 맞는 붙임 딱지를 붙여 보세요.

모르는 단어는 부모님이 손가락으로
짚으면서 소리 내어 알려주세요.

고 래

주 스

포 도

 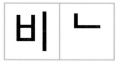
비 누

붙임 딱지
시 소

붙임 딱지
구 름

📖 짧은 글을 소리 내어 읽어 보세요.

하얀 우유 구름
초록 소나무 아래
노랑 오리가 호수로 풍덩

한글 놀이

🔍 숨은 그림을 찾아보세요.

| 우산 | 오리 | 하늘 | 여우 | 포도 | 시소 | 우유 |

## 소리 익히기

✓ 글자를 천천히 관찰하고 소리를 확인하세요.

**으**

입을 가로 방향으로 최대한 옆으로 벌린 무거운 느낌

**으르렁**

부모님이 평소보다 크고 정확하게 소리를 내주세요.

**이**

입꼬리를 위로 향하여 올린 가벼운 느낌

**이사**

부모님이 '으'와 '이'를 연속으로 소리 내어 소리의 차이를 알도록 해주세요.

✓ 다음 글자를 순서대로 소리내어 읽어 보세요.

❶   ㅡ   ㅣ   ㅣ   ㅡ

❷   ㅣ   ㅡ   ㅣ   ㅡ

20

 **글자 익히기**

3

🎨 글자를 자유롭게 색칠하고 큰소리로 읽어 보세요.

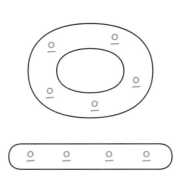
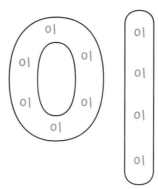

✏️ 그림에 맞는 첫 글자를 찾아 ◯표 하세요.

스 스

불

아 이 으 여

 사

이 으 요 아

 르 렁

모음자 - ㅣ  21

 '으'를 찾아 ○표 하고 따라 써 보세요.

으

으르렁　　으뜸　　으깨다

으스스　으리으리하다　모으다

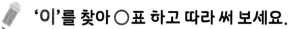

✏️ '이'를 찾아 ○표 하고 따라 써 보세요.

# 이

이름 이야기 종이

어린이 고양이 원숭이

 **확인 연습**

글자를 쓰고 글자에 맞는 붙임 딱지를 붙여 보세요.  모르는 단어는 부모님이 손가락으로 짚으면서 소리 내어 알려주세요.

 그 림

 기 차

붙임 딱지 버 스

 잔 ㄷ

 치 ㅈ

 냄 ㅂ

📖 짧은 글을 소리 내어 읽어 보세요.

으쓱으쓱 이리저리
데구르르 여기저기
머리부터 다리까지
즐거운 놀이

# 한글 놀이

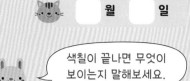

월 일

색칠이 끝나면 무엇이 보이는지 말해보세요.

모음 'ㅣ'가 들어간 부분에만 색칠해 보세요.

3

# 모음자 ㅐ ㅔ

## 소리 익히기

✓ 글자를 천천히 관찰하고 소리를 확인하세요.

| ㅐ | 애 | 애국가 |

아래턱을 내리고
가로 방향으로 입술을 벌린 느낌

ㅐ ㅐ ㅐ

부모님이 평소보다 크고
정확하게 소리를 내주세요.

| ㅔ | 에 | 에너지 |

아래턱을 약간 내리고
가로 방향으로 입술을 벌린 느낌

ㅔ ㅔ ㅔ

부모님이 '애'와 '에'를 연속으로
소리 내어 소리의 차이를 알도록
해주세요.

✓ 다음 글자를 순서대로 소리내어 읽어 보세요.

❶ ㅐ ㅐ ㅔ ㅔ

❷ ㅔ ㅐ ㅔ ㅐ

🎨 글자를 자유롭게 색칠하고 큰소리로 읽어 보세요.

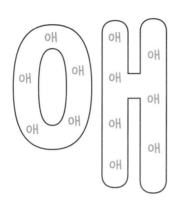

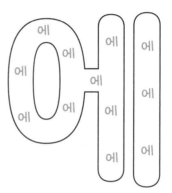

✏️ 그림에 맞는 첫 글자를 찾아◯표 하세요.

오  에  애  우

| | 국 | 가 |

에  아  어  애

| | 너 | 지 |

아  애  야  에

| | 호 | 박 |

애  어  요  에

| | 어 | 컨 |

 '애'를 찾아 ○표 하고 따라 써 보세요.

애벌레　　장애인　　애호박

애국가　　파인애플　　애니메이션

애 애 애 애 애

'에'를 찾아 ○표 하고 따라 써 보세요.

# 에

에너지　피에로　에어컨

에디슨　에스파냐　에어로빅

## 확인 연습

모르는 단어는 부모님이 손가락으로 짚으면서 소리 내어 알려주세요.

글자를 쓰고 글자에 맞는 붙임 딱지를 붙여 보세요.

 새 우

붙임 딱지 기

 ㅁ 미

 ㄴ 모

 조 ㄱ

붙임 딱지 ㅅ 탁 기

짧은 글을 소리 내어 읽어 보세요.

우리 동네 세탁소 옆
제과점 아래에는
새우 조개 파는
해산물 가게가 있지요.

# 한글 놀이

배 모양의 미로를 통과해 보세요.

'애' '에'를 따라가면 길이 나와요.

## 아는 글자 한번 더 (1~4단계 복습문제)

**1**  틀린 글자에 ○하고 맞는 글자를 찾아 바르게 고쳐 쓰세요.

어리 ➡ □리

오유 ➡ □□

오아 ➡ □□

보기

| 아 | 이 | 우 |
|---|---|---|
| 애 | 에 | 오 |

**2**  무엇이 보이나요? 빈칸에 알맞은 글자를 써 보세요.

ㄴ 비

여 ㅇ

ㄱ 름

어 린 ㅇ

악 ㅇ

**3**  길을 찾아가 동물 친구들의 이름을 써 보세요.

ㅇ 벌 ㄹ

원 숭 ㅇ

ㄱ ㄹ

**4** 빈칸에 들어갈 글자를 써 보세요.

**5** '우'가 들어가는 낱말을 모두 찾아 ○표 하세요.

**6** 그림을 보고 글자를 써 보세요.

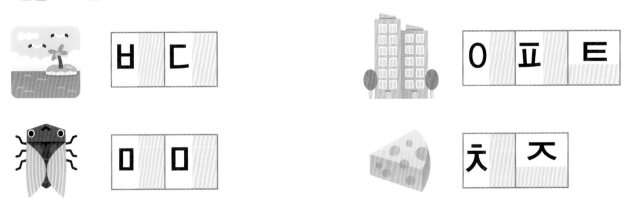

# 모음자 ㅑ ㅕ

## 소리 익히기

✓ 글자를 천천히 관찰하고 소리를 확인하세요.

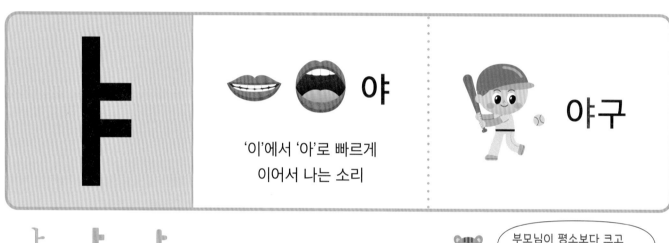

ㅑ

'이'에서 '아'로 빠르게
이어서 나는 소리

야구

ㅑ   ㅑ   ㅑ

부모님이 평소보다 크고
정확하게 소리를 내주세요.

ㅕ

'이'에서 '어'로 빠르게
이어서 나는 소리

여우

ㅕ   ㅕ   ㅕ

부모님이 '야'와 '여'를 연속으로
소리 내어 소리의 차이를 알도록
해주세요.

✓ 다음 글자를 순서대로 소리내어 읽어 보세요.

❶   ㅑ   ㅕ   ㅕ   ㅑ

❷   ㅕ   ㅕ   ㅑ   ㅑ

## 글자 익히기

월      일

🎨 글자를 자유롭게 색칠하고 큰소리로 읽어 보세요.

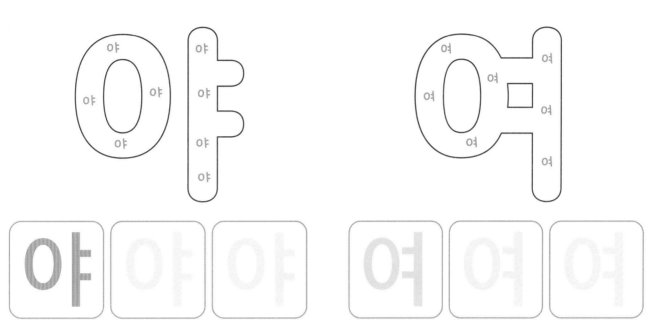

야 야 야      여 여 여

✏️ 그림에 맞는 첫 글자를 찾아 ◯표 하세요.

야 어 여 우

□ 자

야 이 오 여

□ 구

으 야 어 여

□ 자 수

여 아 요 야

□ 우

모음자 ㅑ ㅕ      35

 '야'를 찾아 ○표 하고 따라 써 보세요.

야

야채  야수  이야기

야간  야금야금  야호

'여'를 찾아 ○표 하고 따라 써 보세요.

여

여름

여자

여기

여행

여우

여덟

여 여 여 여 여

 글자를 쓰고 글자에 맞는 붙임 딱지를 붙여 보세요.

> 모르는 단어는 부모님이 손가락으로 짚으면서 소리 내어 알려주세요.

 약 국

 벼

붙임 딱지 응 말

 ㄱ 울

 응 파

붙임 딱지 ㅎ

📖 짧은 글을 소리 내어 읽어 보세요.

아야아야 병원에 가요
여기 배가 아파요
손 잘 씻고 푹 자고
약 잘 먹어야 해요.

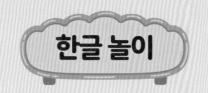

# 한글 놀이

🍪 **모음 'ㅕ'가 들어간 글자에만 색칠해 보세요.**

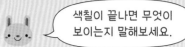 색칠이 끝나면 무엇이 보이는지 말해보세요.

# 모음자 ㅛ ㅠ

 소리 익히기

✓ 글자를 천천히 관찰하고 소리를 확인하세요.

ㅛ

요

'이'에서 '오'로 빠르게
이어서 나는 소리

요리사

ㅛ    ㅛ    ㅛ

부모님이 평소보다 크고
정확하게 소리를 내주세요.

ㅠ

유

'이'에서 '우'로 빠르게
이어서 나는 소리

유리

ㅠ    ㅠ    ㅠ

부모님이 '요'와 '유'를 연속으로
소리 내어 소리의 차이를 알도록
해주세요.

✓ 다음 글자를 순서대로 소리내어 읽어 보세요.

❶  ㅛ    ㅠ    ㅠ    ㅛ

❷  ㅠ    ㅠ    ㅛ    ㅛ

# 글자 익히기

🎨 글자를 자유롭게 색칠하고 큰소리로 읽어 보세요.

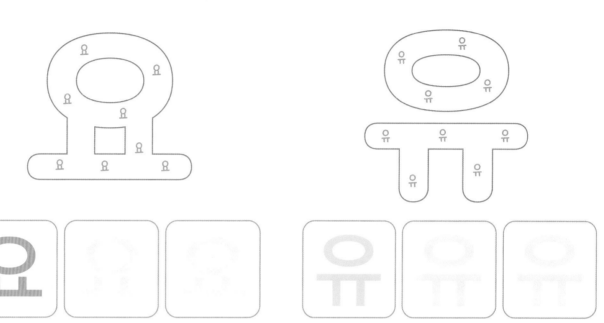

✏️ 그림에 맞는 첫 글자를 찾아 ○표 하세요.

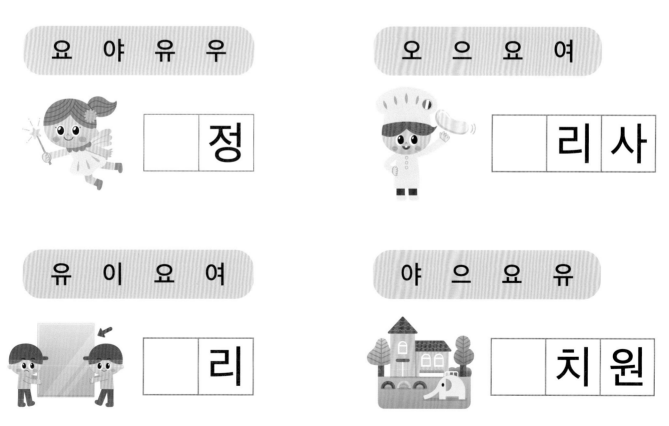

요  야  유  우

□ 정

오  으  요  여

□ 리 사

유  이  요  여

□ 리

야  으  요  유

□ 치 원

낱말 익히기

 '요'를 찾아 ○표 하고 따라 써 보세요.

요

요트　　요리사　　요구르트

일요일　　요요　　요가

42

'유'를 찾아 ◯표 하고 따라 써 보세요.

유모차

우유

유럽

유령

석유

주유소

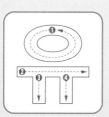

## 확인 연습

글자를 쓰고 글자에 맞는 붙임 딱지를 붙여 보세요.

모르는 단어는 부모님이 손가락으로 짚으면서 소리 내어 알려주세요.

 교 실

 뉴 스

 우 표

 ㅎ 지

붙임 딱지 ㅅ 핑

붙임 딱지 ㅎ 대 폰

짧은 글을 소리 내어 읽어 보세요.

유치원 교실 안 시끌벅적
요요 놀이 규칙을 잘 지켜요.
유쾌한 우리반
룰루랄라

월 일

✏️ 위 그림을 보고 아래에 똑같이 그려 보세요.

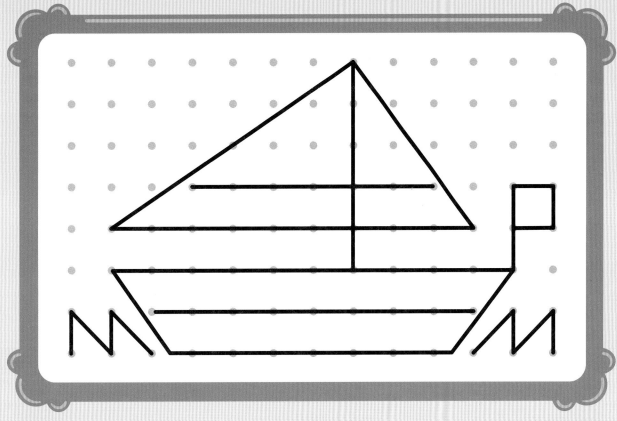

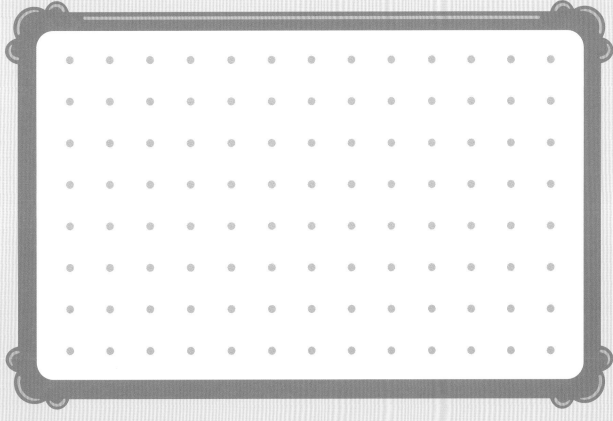

# 모음자 ㅚ ㅟ

## 소리 익히기

✓ 글자를 천천히 관찰하고 소리를 확인하세요.

**ㅚ**

외

'오'에서 '이'로 빠르게
이어서 나는 소리

외투

부모님이 평소보다 크고
정확하게 소리를 내주세요.

**ㅟ**

위

'우'에서 '이'로 빠르게
이어서 나는 소리

위험
DANGER

위험

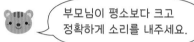

부모님이 '외'와 '위'를 연속으로
소리 내어 소리의 차이를 알도록
해주세요.

✓ 다음 글자를 순서대로 소리내어 읽어 보세요.

❶   ㅟ   ㅚ   ㅚ   ㅟ        ❷   ㅚ   ㅟ   ㅚ   ㅟ

 **글자 익히기**

🎨 글자를 자유롭게 색칠하고 큰소리로 읽어 보세요.

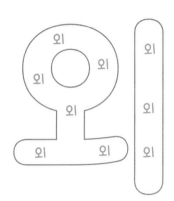

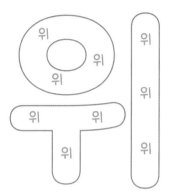

7

✏️ 그림에 맞는 첫 글자를 찾아 ○표 하세요.

 어 위 오 외

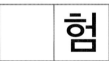 위 애 어 외

| | 험 |
|---|---|

| | 투 |
|---|---|

외 에 아 여

우 외 위 애

| | 계 | 인 |
|---|---|---|

| | 치 |
|---|---|

 '외'를 찾아 ○표 하고 따라 써 보세요.

외

참외     외투     외계인

외식     외모     외국인

외 외 외 외 외

'위'를 찾아 ○표 하고 따라 써 보세요.

7

# 위

위험

바위

위성

가위

위로

거위

# 확인 연습

모르는 단어는 부모님이 손가락으로 짚으면서 소리 내어 알려주세요.

글자를 쓰고 글자에 맞는 붙임 딱지를 붙여 보세요.

 | 회 | 오 | 리 |

 | 귀 |

| 붙임 딱지 | | 자 | 물 | ㅅ |

 | ㅌ | 김 |

 | ㅊ | 고 |

| 붙임 딱지 | | 박 | ㅈ |

📖 짧은 글을 소리 내어 읽어 보세요.

위성에 사는 외계인
지구에 사는 나
가위 바위 보!
우주 최고는 바로 나

50

# 한글 놀이

🔍 숨은 그림을 찾아보세요.

|  | | | | | | |
|---|---|---|---|---|---|---|
| 귀 | 외투 | 박쥐 | 참외 | 바위 | 자물쇠 | 가위 |

# 모음자 ㅘ ㅢ

## 소리 익히기

✓ 글자를 천천히 관찰하고 소리를 확인하세요.

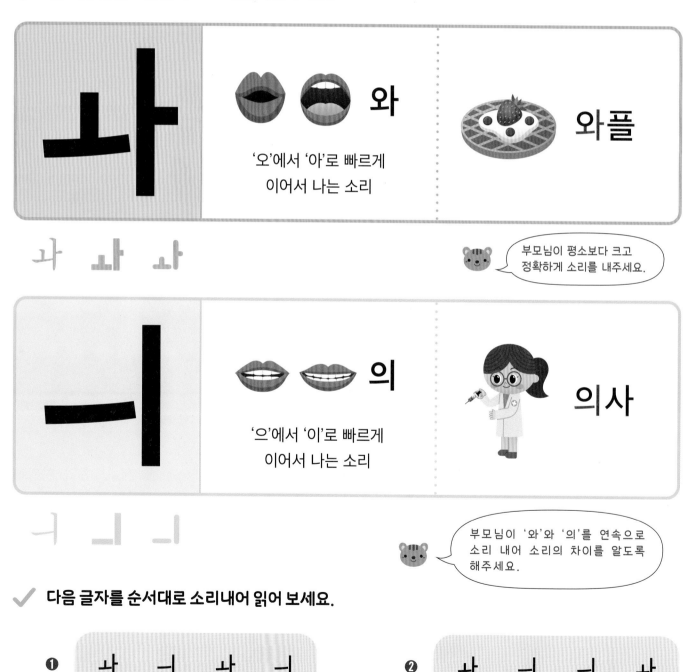

**ㅘ**

와

'오'에서 '아'로 빠르게
이어서 나는 소리

와플

ㅘ　ㅘ　ㅘ

부모님이 평소보다 크고
정확하게 소리를 내주세요.

**ㅢ**

의

'으'에서 '이'로 빠르게
이어서 나는 소리

의사

ㅢ　ㅢ　ㅢ

부모님이 '와'와 '의'를 연속으로
소리 내어 소리의 차이를 알도록
해주세요.

✓ 다음 글자를 순서대로 소리내어 읽어 보세요.

❶　ㅘ　ㅢ　ㅘ　ㅢ

❷　ㅘ　ㅢ　ㅢ　ㅘ

# 글자 익히기

글자를 자유롭게 색칠하고 큰소리로 읽어 보세요.

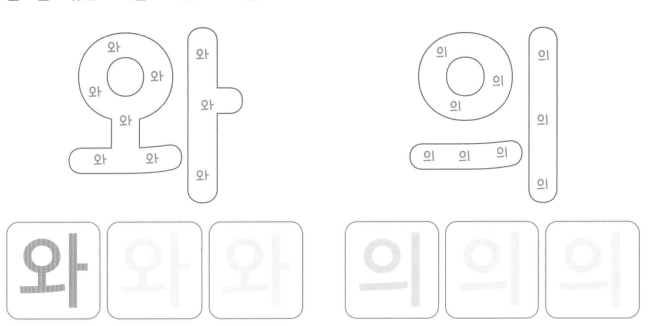

와 와 와      의 의 의

그림에 맞는 첫 글자를 찾아 ◯표 하세요.

| 요 와 의 우 | 의 와 여 워 |
|---|---|
| 자 | 사 |

| 유 야 와 의 | 에 워 의 와 |
|---|---|
| 글 글 | 플 |

 '와'를 찾아 ○표 하고 따라 써 보세요.

와

와플          와글와글          와인

치와와          와르르          기와

와 와 와 와 와

'의'를 찾아 ○표 하고 따라 써 보세요.

의

의사 의자 의견

여의도 회의 예의

의 의 의 의 의

 **확인 연습**

 모르는 단어는 부모님이 손가락으로 짚으면서 소리 내어 알려주세요.

🖐 글자를 쓰고 글자에 맞는 붙임 딱지를 붙여 보세요.

| 붙임 딱지 | 화 | 장 | 실 |
|---|---|---|---|

| 희 | 망 |
|---|---|

| 사 | ㄱ |
|---|---|

| 무 | ㄴ |
|---|---|

| 붙임 딱지 | ㄱ | 자 |
|---|---|---|

| 흰 | 색 |
|---|---|

📖 짧은 글을 소리 내어 읽어 보세요.

무궁화 핀 기와집은

우리 할머니집

예의를 차려

색동 무늬 한복입고

흰 송편을 냠냠

1   틀린 글자에 ○하고 맞는 글자를 찾아 바르게 고쳐 쓰세요.

여구르트  ➡

참위  ➡

이사  ➡

보기

| 와 | 의 | 유 |
|---|---|---|
| 외 | 위 | 요 |

2   무엇이 보이나요? 빈칸에 알맞은 글자를 써 보세요.

3   길을 찾아가 이름을 써 보세요.

4 빈칸에 들어갈 글자를 써 보세요.

5 '야'가 들어가는 낱말을 모두 찾아 ○표 하세요.

6 그림을 보고 글자를 써 보세요.

61

# 자음자 ㄱ ㄴ

## 소리 익히기

✓ **글자를 천천히 관찰하고 소리를 확인하세요.**

| ㄱ | 기역 | 곰 |
|---|---|---|
| | 혀 뿌리가 목구멍을 막고 힘을 주어 내는 소리 | |

ㄱ ㄱ ㄱ

'그' 소리를 내어 조음 위치와 방법을 확인해보세요.

| ㄴ | 니은 | 나비 |
|---|---|---|
| | 혀끝이 윗잇몸에 닿으며 울리는 콧소리 | |

ㄴ ㄴ ㄴ

'느' 소리를 내어 조음 위치와 방법을 확인해보세요.

✓ **다음 글자를 순서대로 소리내어 읽어 보세요.** 예 ㄱ ▶ [그] / ㄴ ▶ [느]

❶ ㄱ ㄱ ㄴ ㄴ ㄴ ㄱ

❷ ㄴ ㄴ ㄴ ㄱ ㄱ

# 글자 익히기

🎨 글자를 자유롭게 색칠하고 큰소리로 읽어 보세요.

ㄱ

ㄴ

가 가 가

나 나 나

✏️ 'ㄱ'과 'ㄴ'을 찾아 ◯표 하고 따라 써 보세요.

곰

나 비

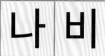

개

네 모

자음자 ㄱ ㄴ    63

## 낱말 익히기

🖊 자음을 쓰고 모음이 합쳐진 글자를 읽어 보세요.

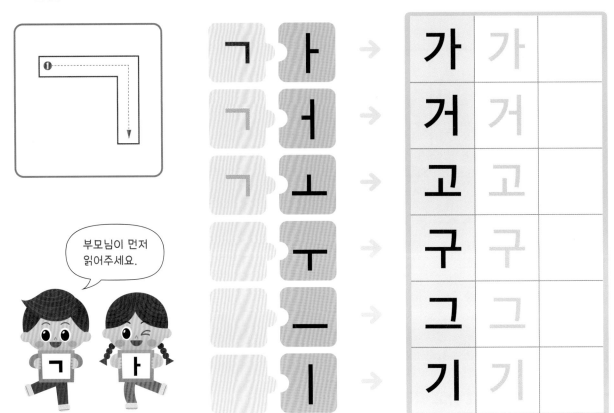

부모님이 먼저 읽어주세요.

🖊 빈칸에 들어갈 글자를 찾아 이어 보세요.

 그림을 보고 먼저 단어를 떠올린 다음 글자를 찾도록 지도해주세요.

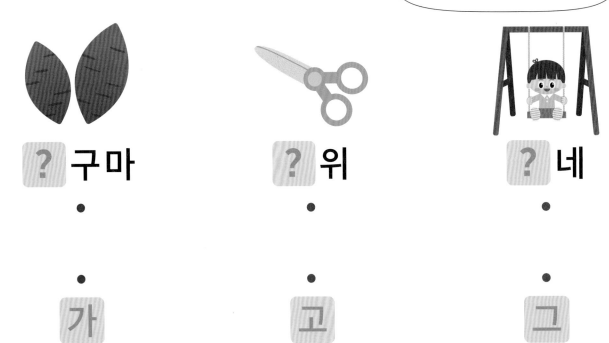

? 구마

? 위

? 네

가

고

그

✏️ **자음을 쓰고 모음이 합쳐진 글자를 읽어 보세요.**

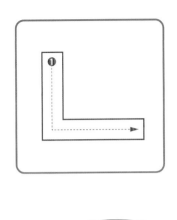

ㄴ + ㅏ →

ㄴ + ㅓ →

ㄴ + ㅗ →

ㄴ + ㅜ →

ㄴ + ㅡ →

ㄴ + ㅣ →

부모님이 먼저 읽어주세요.

| 나 | 나 | |
| 너 | 너 | |
| 노 | 노 | |
| 누 | 누 | |
| 느 | 느 | |
| 니 | 니 | |

9

✏️ **빈칸에 들어갈 글자를 찾아 이어 보세요.**

그림을 보고 먼저 단어를 떠올린 다음 글자를 찾도록 지도해주세요.

바 ? ?

? 래

? 구리

•

•

•

•

•

•

노

너

나

## 확인 연습

글자를 쓰고 글자에 맞는 붙임 딱지를 붙여 보세요.

 모르는 단어는 부모님이 손가락으로 짚으면서 소리 내어 알려주세요.

 구 두

 나 무

붙임 딱지 ㅓ 울

붙임 딱지 ㅗ 랑

 아 ㅣ

 비 ㅜ

짧은 글을 소리 내어 읽어 보세요.

누가 누가 곤충일까?
검정 거미? 갈색 곰?
아니 아니
노랑 나비가 곤충이래요.

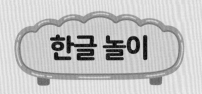

# 한글 놀이

'고기'만 찾아서 색칠해 보세요.

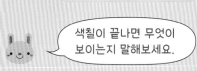

색칠이 끝나면 무엇이 보이는지 말해보세요.

# 자음자 ㄷ ㄹ

## 소리 익히기

✓ 글자를 천천히 관찰하고 소리를 확인하세요.

**ㄷ**  디귿

혀끝이 윗잇몸 시작 부분에
닿으며 공기를 뿜어내는 소리

다리

ㄷ  ㄷ  ㄷ  ㄷ

'드' 소리를 내어 조음 위치와
방법을 확인해보세요.

**ㄹ**  리을

혀끝으로 윗잇몸을 살짝
치면서 공기가 흐르는 소리

로봇

ㄹ  ㄹ  ㄹ

'르' 소리를 내어 조음 위치와
방법을 확인해보세요.

✓ 다음 글자를 순서대로 소리내어 읽어 보세요.  ( 예 ㄷ ▸ [드] / ㄹ ▸ [르] )

❶  ㄷ  ㄷ  ㄷ  ㄹ  ㄹ

❷  ㄹ  ㄹ  ㄷ  ㄷ  ㄹ

 글자 익히기

월 일

 글자를 자유롭게 색칠하고 큰소리로 읽어 보세요.

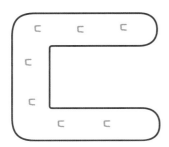

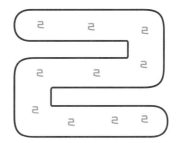

10

 'ㄷ'과 'ㄹ'을 찾아 ○표 하고 따라 써 보세요.

다 리

로 봇

달

라 디 오

## 낱말 익히기

✏️ 자음을 쓰고 모음이 합쳐진 글자를 읽어 보세요.

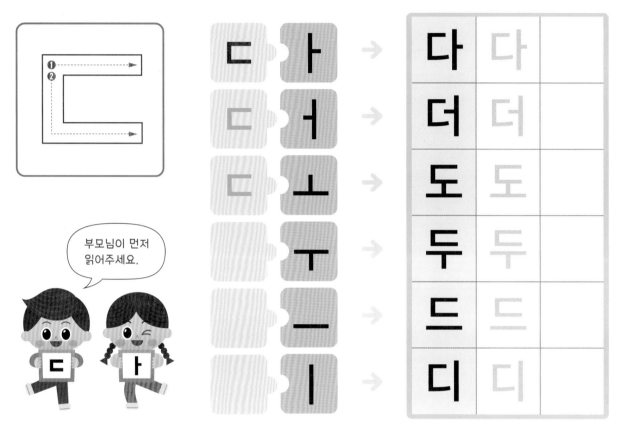

부모님이 먼저 읽어주세요.

✏️ 빈칸에 들어갈 글자를 찾아 이어 보세요.

그림을 보고 먼저 단어를 떠올린 다음 글자를 찾도록 지도해주세요.

포 ?

구 ?

? 지

두

돼

도

✏️ **자음을 쓰고 모음이 합쳐진 글자를 읽어 보세요.**

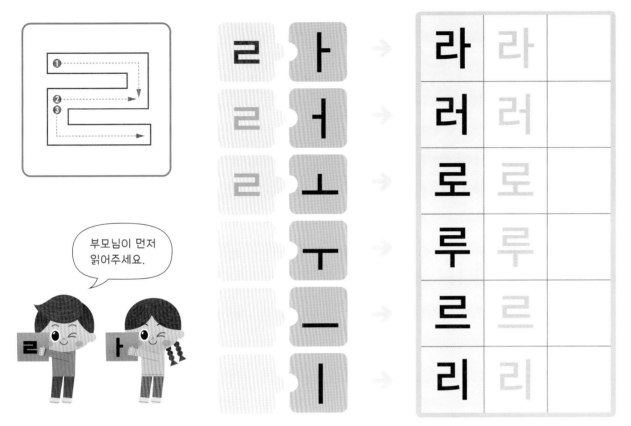

부모님이 먼저 읽어주세요.

10

✏️ **빈칸에 들어갈 글자를 찾아 이어 보세요.**

🐯 그림을 보고 먼저 단어를 떠올린 다음 글자를 찾도록 지도해주세요.

? 본

고 릴 ?

캥 거 ?

•

•

•

•

•

•

루

리

라

## 확인 연습

모르는 단어는 부모님이 손가락으로 짚으면서 소리 내어 알려주세요.

글자를 쓰고 글자에 맞는 붙임 딱지를 붙여 보세요.

| 두 | 부 |

| 다 | 리 |

| ㅏ | 람 | 쥐 |

| 코 | 알 | ㅏ |

| 붙임 딱지 |
| 잔 | ㅣ |

| 붙임 딱지 |
| 빗 | 자 | ㅜ |

짧은 글을 소리 내어 읽어 보세요.

다람쥐는 도토리 도시락
고릴라는 바나나 도시락
캥거루는? 잔디 풀 도시락!

72

# 한글 놀이

코알라 미로를 통과해 보세요.

'ㄷ' 'ㄹ'이 들어간 글자를
따라가면 길이 나와요.

10

다
라
라
다
나 다
라
나
가
마 라
바
다

# 자음자 ㅁ ㅂ

 소리 익히기

✓ **글자를 천천히 관찰하고 소리를 확인하세요.**

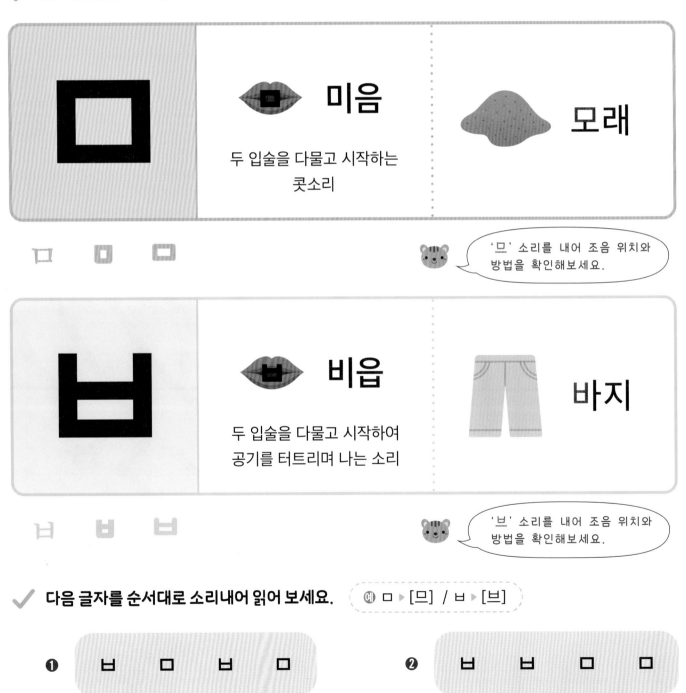

| ㅁ | 👄 미음 | 모래 |
|---|---|---|
| | 두 입술을 다물고 시작하는 콧소리 | |

ㅁ ㅁ ㅁ

🐯 '므' 소리를 내어 조음 위치와 방법을 확인해보세요.

| ㅂ | 👄 비읍 | 바지 |
|---|---|---|
| | 두 입술을 다물고 시작하여 공기를 터트리며 나는 소리 | |

ㅂ ㅂ ㅂ

🐯 '브' 소리를 내어 조음 위치와 방법을 확인해보세요.

✓ **다음 글자를 순서대로 소리내어 읽어 보세요.** 예 ㅁ ▶ [므] / ㅂ ▶ [브]

❶ ㅂ ㅁ ㅂ ㅁ          ❷ ㅂ ㅂ ㅁ ㅁ

74

 글자 익히기

 글자를 자유롭게 색칠하고 큰소리로 읽어 보세요.

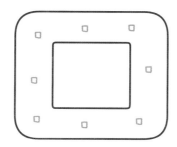

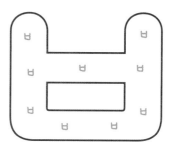

11

 'ㅁ'과 'ㅂ'을 찾아 ○표 하고 따라 써 보세요.

모 래

바 지

치 마

보 라

✏️ 자음을 쓰고 모음이 합쳐진 글자를 읽어 보세요.

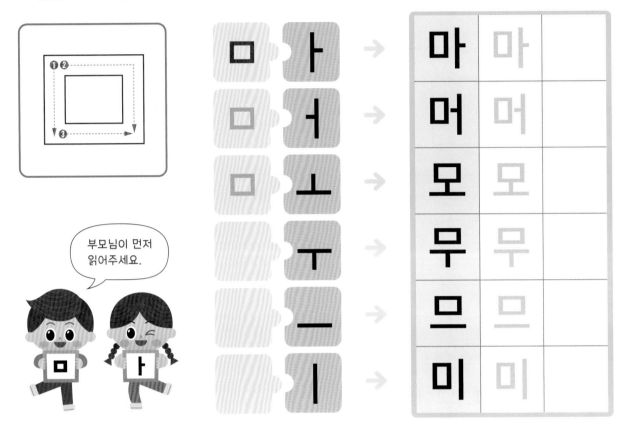

 부모님이 먼저 읽어주세요.

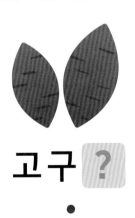

✏️ 빈칸에 들어갈 글자를 찾아 이어 보세요.

 그림을 보고 먼저 단어를 떠올린 다음 글자를 찾도록 지도해주세요.

고구 **?**

나 **?**

매 **?**

 무

 마

 미

✏️ **자음을 쓰고 모음이 합쳐진 글자를 읽어 보세요.**

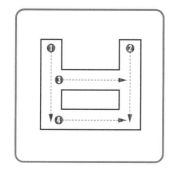

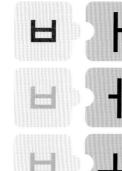

| 바 | 바 | |
|---|---|---|
| 버 | 버 | |
| 보 | 보 | |
| 부 | 부 | |
| 브 | 브 | |
| 비 | 비 | |

부모님이 먼저 읽어주세요.

11

✏️ **빈칸에 들어갈 글자를 찾아 이어 보세요.**

그림을 보고 먼저 단어를 떠올린 다음 글자를 찾도록 지도해주세요.

? 다

? 행기

?

바

배

비

## 확인 연습

글자를 쓰고 글자에 맞는 붙임 딱지를 붙여 보세요.

모르는 단어는 부모님이 손가락으로 짚으면서 소리 내어 알려주세요.

 말

붙임 딱지 | 벌

붙임 딱지 | 다 리 ㅣ

 냄 ㅣ

 세 ㅗ

 ㅜ 숭 아

짧은 글을 소리 내어 읽어 보세요.

버스가 다리 위를 부릉부릉

배는 바다 위로 둥둥

나무 아래 모자 쓴 아기가 방긋

한글 놀이

월 [ ] 일 [ ]

🔍 **숨은 그림을 찾아보세요.**

| 모래 | 매미 | 세모 | 치마 | 배 | 다리미 | 바지 |

# 자음자 ㅅ ㅇ

소리 익히기

✓ **글자를 천천히 관찰하고 소리를 확인하세요.**

ㅅ

시옷

혀끝이 윗잇몸 앞에 닿으며
나는 소리

사자

ㅅ   ㅅ   ㅅ

'스' 소리를 내어 조음 위치와 방법을 확인해보세요.

ㅇ

이응

혀 뿌리가 입천장 뒷부분과 닿아
나는 콧소리

우산

'으' 소리를 내어 조음 위치와 방법을 확인해보세요.

○   ○   ○

· 자음 이응 'ㅇ'은 받침에 들어가는 글자입니다.
· 첫소리에 들어가는 'ㅇ'은 소리가 없는 동그라미 표시입니다.
· 따라서 여기서는 첫소리 'ㅇ'이 들어간 '아, 어, 오, 우'와 같은 모음을 함께 익혀보세요.

✓ **다음 글자를 순서대로 소리내어 읽어 보세요.**   예 ㅅ ▶ [스] / ㅇ ▶ [으]

❶   ㅅ   ㅇ   ㅇ   ㅅ          ❷   ㅇ   ㅅ   ㅇ   ㅅ

 글자 익히기

월 일

 글자를 자유롭게 색칠하고 큰소리로 읽어 보세요.

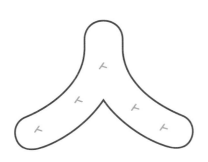

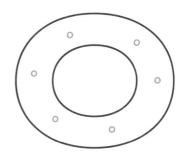

12

 'ㅅ'과 'ㅇ'을 찾아 ○표 하고 따라 써 보세요.

사 자

우 산

새 우

어 머 니

자음자 ㅅ ㅇ  81

## 낱말 익히기

✏️ 자음을 쓰고 모음이 합쳐진 글자를 읽어 보세요.

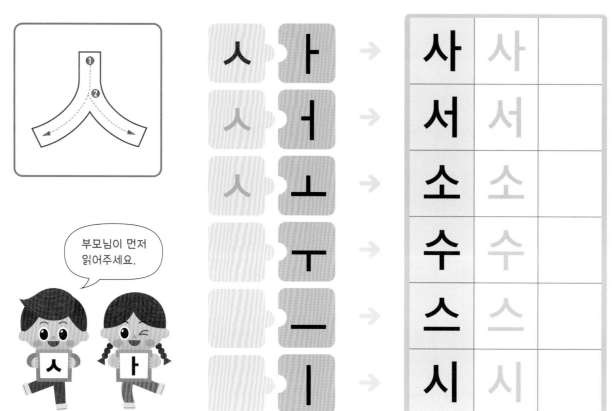

부모님이 먼저 읽어주세요.

| | | |
|---|---|---|
| 사 | 사 | |
| 서 | 서 | |
| 소 | 소 | |
| 수 | 수 | |
| 스 | 스 | |
| 시 | 시 | |

✏️ 빈칸에 들어갈 글자를 찾아 이어 보세요.

그림을 보고 먼저 단어를 떠올린 다음 글자를 찾도록 지도해주세요.

? 탕

주 ?

? 박

•

•

•

•

•

•

수

사

스

✏️ **자음을 쓰고 모음이 합쳐진 글자를 읽어 보세요.**

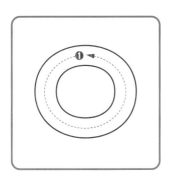

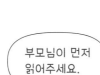
부모님이 먼저 읽어주세요.

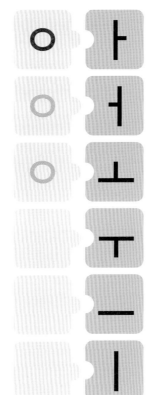

| ㅇ | ㅏ | → |
|---|---|---|
| ㅇ | ㅓ | → |
| ㅇ | ㅗ | → |
| ㅇ | ㅜ | → |
| ㅇ | ㅡ | → |
| ㅇ | ㅣ | → |

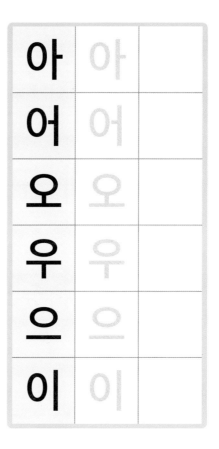

| 아 | 아 |  |
|---|---|---|
| 어 | 어 |  |
| 오 | 오 |  |
| 우 | 우 |  |
| 으 | 으 |  |
| 이 | 이 |  |

12

✏️ **빈칸에 들어갈 글자를 찾아 이어 보세요.**

그림을 보고 먼저 단어를 떠올린 다음 글자를 찾도록 지도해주세요.

? 부
•

•

애

? 리
•

•

오

? 벌레
•

•

어

자음자 ㅅ ㅇ  83

 **확인 연습**

🔵 글자를 쓰고 글자에 맞는 붙임 딱지를 붙여 보세요.

 모르는 단어는 부모님이 손가락으로 짚으면서 소리 내어 알려주세요.

 수 건

 이 불

 ㅔ 모

 지 ㅜ 개

붙임 딱지 | ㄱ 종 이

붙임 딱지 | ㅏ 침

📖 짧은 글을 소리 내어 읽어 보세요.

원숭이 엉덩이는 빨개
빨간 것은 사과
사과는 맛있어

# 한글 놀이

 위 그림을 보고 아래에 똑같이 그려 보세요.

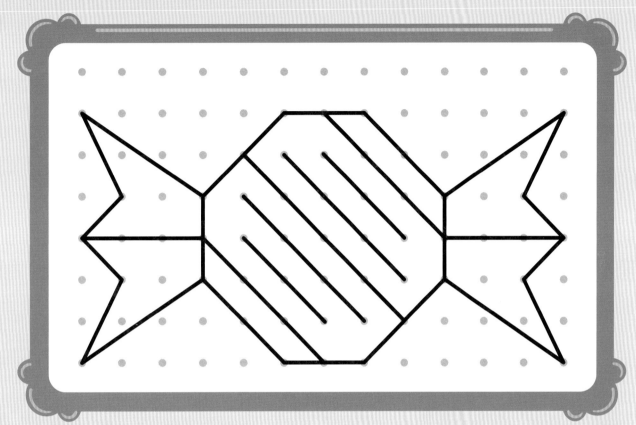

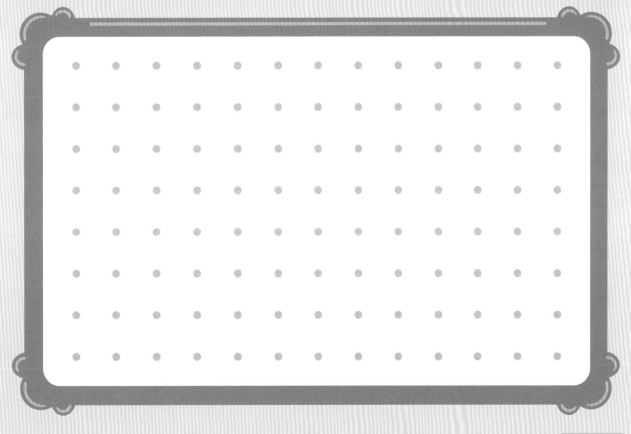

12

1  틀린 글자에 ○하고 맞는 글자를 찾아 바르게 고쳐 쓰세요.

포수 ➡

코알나 ➡

미행기 ➡

보기

| 이 | 라 | 도 |
| 비 | 마 | 소 |

2  무엇이 보이나요? 빈칸에 알맞은 글자를 써 보세요.

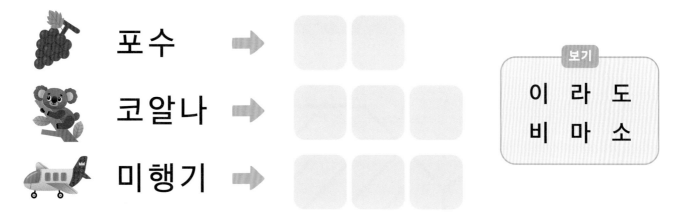

□ 비

벌 레

□ 람 쥐

매 □

3  길을 찾아가 동물 친구들의 이름을 써 보세요.

구 리

캥 거

자

4   빈칸에 들어갈 글자를 써 보세요.

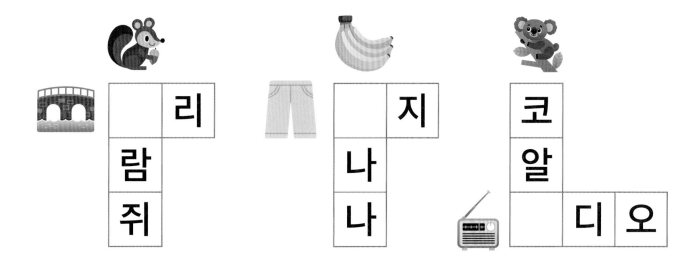

5   '사'가 들어가는 낱말을 모두 찾아 ◯표 하세요.

6   그림을 보고 글자를 써 보세요.

# 자음자 ㅈ ㅊ

## 소리 익히기

✓ 글자를 천천히 관찰하고 소리를 확인하세요.

 지읒

혀가 입천장과 넓게 마주하는
위치에서 나는 소리

 조개

ㅈ ㅈ ㅈ

 '즈' 소리를 내어 조음 위치와
방법을 확인해보세요.

ㅊ

 치읓

'ㅈ' 발음에서 공기를 더
내보내는 소리

 치마

ㅊ ㅊ ㅊ

 '츠' 소리를 내어 조음 위치와
방법을 확인해보세요.

✓ 다음 글자를 순서대로 소리내어 읽어 보세요.    예 ㅈ ▶ [즈] / ㅊ ▶ [츠]

❶    ㅈ    ㅈ    ㅊ    ㅊ

❷    ㅊ    ㅈ    ㅈ    ㅊ

 글자 익히기

 글자를 자유롭게 색칠하고 큰소리로 읽어 보세요.

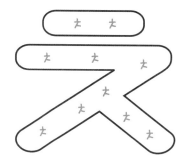

13

 'ㅈ'과 'ㅊ'을 찾아○표 하고 따라 써 보세요.

바 지

치 마

조 개

초

낱말 익히기

✏️ 자음을 쓰고 모음이 합쳐진 글자를 읽어 보세요.

| 자 | 자 | |
|---|---|---|
| 저 | 저 | |
| 조 | 조 | |
| 주 | 주 | |
| ㅈ | ㅈ | |
| 지 | 지 | |

부모님이 먼저 읽어주세요.

✏️ 빈칸에 들어갈 글자를 찾아 이어 보세요.

그림을 보고 먼저 단어를 떠올린 다음 글자를 찾도록 지도해주세요.

타 ?

•

•

조

? 우개

•

•

주

? 스

•

•

지

90

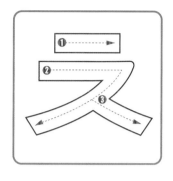 자음을 쓰고 모음이 합쳐진 글자를 읽어 보세요.

ㅊ ㅏ →
ㅊ ㅓ →
ㅊ ㅗ →
ㅜ →
ㅡ →
ㅣ →

| 차 | 차 | |
|---|---|---|
| 처 | 처 | |
| 초 | 초 | |
| 추 | 추 | |
| 츠 | 츠 | |
| 치 | 치 | |

 부모님이 먼저 읽어주세요.

13

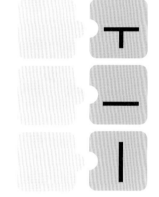 빈칸에 들어갈 글자를 찾아 이어 보세요.

 그림을 보고 먼저 단어를 떠올린 다음 글자를 찾도록 지도해주세요.

? 록

•

•

치

망 ?

•

•

차

자동 ?

•

•

초

## 확인 연습

🥐 글자를 쓰고 글자에 맞는 붙임 딱지를 붙여 보세요.

 모르는 단어는 부모님이 손가락으로 짚으면서 소리 내어 알려주세요.

붙임 딱지　무 지 개

　치 약

　잠 ㅏ 리

붙임 딱지　ㅅ 솔

　ㅇ 갑

　ㄱ 구

📖 짧은 글을 소리 내어 읽어 보세요.

침대랑 이불은 친구래요.
책상과 의자는 친구래요.
종이랑 지우개도 친구랍니다.

92

# 한글 놀이

월    일

🫧 '**주전자**'만 찾아서 색칠해 보세요.

색칠이 끝나면 무엇이 보이는지 말해보세요.

자음자 ㅈ ㅊ    93

# 자음자 ㅋ ㅌ

소리 익히기

✔ 글자를 천천히 관찰하고 소리를 확인하세요.

키읔

'ㄱ' 발음에서 공기를 더 내보내는 소리

키위

'크' 소리를 내어 조음 위치와 방법을 확인해보세요.

티읕

'ㄷ' 발음에서 공기를 더 내보내는 소리

토끼

'트' 소리를 내어 조음 위치와 방법을 확인해보세요.

✔ 다음 글자를 순서대로 소리내어 읽어 보세요.  (예 ㅋ ▶ [크] / ㅌ ▶ [트])

❶ | ㅋ | ㅌ | ㅋ | ㅌ

❷ | ㅌ | ㅋ | ㅋ | ㅌ

 **글자 익히기**

월 일

🎨 글자를 자유롭게 색칠하고 큰소리로 읽어 보세요.

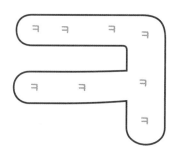
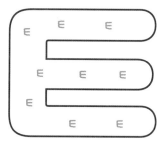

14

✏️ 'ㅋ'과 'ㅌ'을 찾아 ○표 하고 따라 써 보세요.

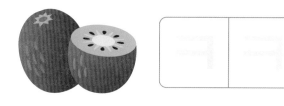

키 위
토 끼

코
타 조

**낱말 익히기**

✏️ 자음을 쓰고 모음이 합쳐진 글자를 읽어 보세요.

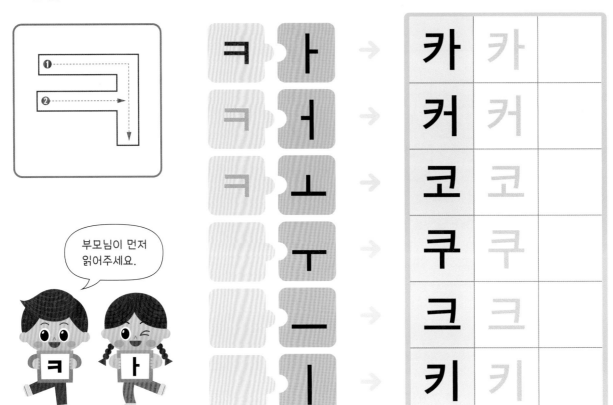

| ㅋ | ㅏ | → | 카 | 카 | |
| ㅋ | ㅓ | → | 커 | 커 | |
| ㅋ | ㅗ | → | 코 | 코 | |
| | ㅜ | → | 쿠 | 쿠 | |
| | ㅡ | → | 크 | 크 | |
| | ㅣ | → | 키 | 키 | |

부모님이 먼저 읽어주세요.

✏️ 빈칸에 들어갈 글자를 찾아 이어 보세요.

 그림을 보고 먼저 단어를 떠올린 다음 글자를 찾도록 지도해주세요.

? 뿔소      케이 ?      ? 보드

•       •       •

•       •       •

 크       키       코

✏️ **자음을 쓰고 모음이 합쳐진 글자를 읽어 보세요.**

부모님이 먼저 읽어주세요.

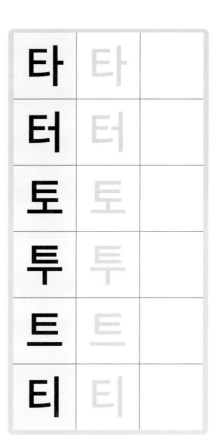

| | | |
|---|---|---|
| 타 | 타 | |
| 터 | 터 | |
| 토 | 토 | |
| 투 | 투 | |
| 트 | 트 | |
| 티 | 티 | |

✏️ **빈칸에 들어갈 글자를 찾아 이어 보세요.**

그림을 보고 먼저 단어를 떠올린 다음 글자를 찾도록 지도해주세요.

? 셔츠

요 ?

기 ?

타

트

티

 **확인 연습**

글자를 쓰고 글자에 맞는 붙임 딱지를 붙여 보세요.

 모르는 단어는 부모님이 손가락으로 짚으면서 소리 내어 알려주세요.

 코 알 라

 사 탕

 초 슬 릿

 필 ㅎ

붙임 딱지 헬 리 흡 터

붙임 딱지 요 구 르 _

📖 짧은 글을 소리 내어 읽어 보세요.

콩콩 뛰어라 캥거루야
깡충깡충 오너라 토끼야
코알라도 타조도
모두모두 모여라

98

# 한글 놀이

케이크 모양의 미로를 통과해 보세요.

월 일

'ㅋ' 'ㅌ'이 들어간 글자를
따라가면 길이 나와요.

타

카

타

카

카

카

아

타

차

카

카

나

라

타

타

14

자음자 ㅋ ㅌ 99

# 자음자 ㅍ ㅎ

## 소리 익히기

✓ 글자를 천천히 관찰하고 소리를 확인하세요.

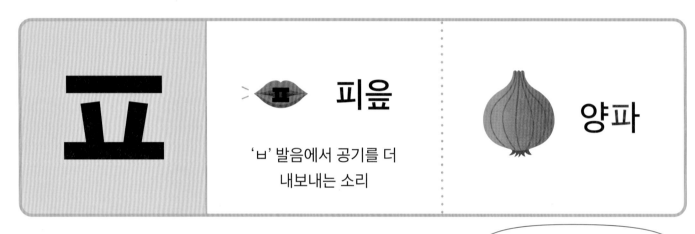

| ㅍ | 피읖 | 양파 |

'ㅂ' 발음에서 공기를 더 내보내는 소리

ㅍ  ㅍ  ㅍ

'프' 소리를 내어 조음 위치와 방법을 확인해보세요.

| ㅎ | 히읗 | 하마 |

'ㅎ' 발음에서 공기를 더 내보내는 소리

ㅎ  ㅎ  ㅎ

'흐' 소리를 내어 조음 위치와 방법을 확인해보세요.

✓ 다음 글자를 순서대로 소리내어 읽어 보세요.    예 ㅍ ▶ [프] / ㅎ ▶ [흐]

❶  ㅎ  ㅍ  ㅍ  ㅎ      ❷  ㅎ  ㅎ  ㅍ  ㅍ

 글자 익히기

 글자를 자유롭게 색칠하고 큰소리로 읽어 보세요.

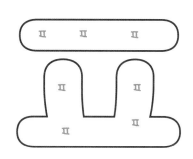

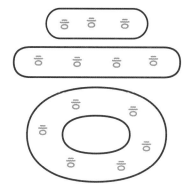

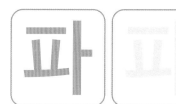 

 '**ㅍ**'과 '**ㅎ**'을 찾아 ○표 하고 따라 써 보세요.

양 파

하 마

포 도

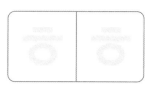

호 랑 이

자음자 ㅍ ㅎ 101

## 낱말 익히기

✏️ 자음을 쓰고 모음이 합쳐진 글자를 읽어 보세요.

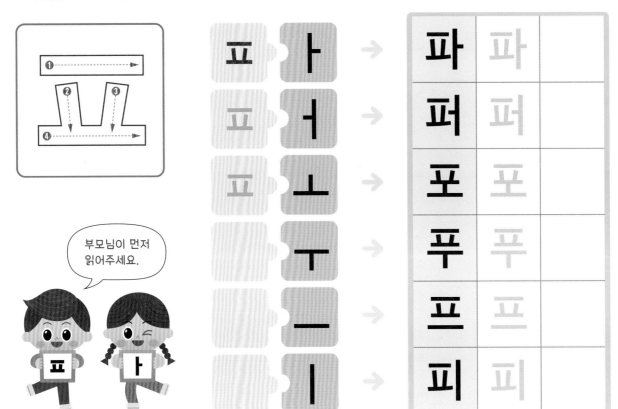

| | | |
|---|---|---|
| 파 | 파 | |
| 퍼 | 퍼 | |
| 포 | 포 | |
| 푸 | 푸 | |
| 프 | 프 | |
| 피 | 피 | |

부모님이 먼저 읽어주세요.

✏️ 빈칸에 들어갈 글자를 찾아 이어 보세요.

그림을 보고 먼저 단어를 떠올린 다음 글자를 찾도록 지도해주세요.

 ? 아노

 ? 라이팬

? 도

• • •

• • •

 프

 파

 피

✏️ 자음을 쓰고 모음이 합쳐진 글자를 읽어 보세요.

부모님이 먼저
읽어주세요.

| | | |
|---|---|---|
| 하 | 하 | |
| 허 | 허 | |
| 호 | 호 | |
| 후 | 후 | |
| 흐 | 흐 | |
| 히 | 히 | |

ㅎ + ㅏ →
ㅎ + ㅓ →
ㅎ + ㅗ →
+ ㅜ →
+ ㅡ →
+ ㅣ →

15

✏️ 빈칸에 들어갈 글자를 찾아 이어 보세요.

그림을 보고 먼저 단어를 떠올린 다음
글자를 찾도록 지도해주세요.

? 

전 ? 기

? 늘

하

화

해

 **확인 연습**

모르는 단어는 부모님이 손가락으로 짚으면서 소리 내어 알려주세요.

글자를 쓰고 글자에 맞는 붙임 딱지를 붙여 보세요.

 연 필

붙임 딱지 휴 지

붙임 딱지 굴

 운 동 화

 난 다

 인 형

짧은 글을 소리 내어 읽어 보세요.

엄마는 피아노 딩동딩동
아빠는 나팔 뿌우우
나는 실로폰 퐁퐁퐁
하하 호호 즐거운 음악 시간

# 한글 놀이

🔍 **숨은 그림을 찾아보세요.**

| 프라이팬 | 해 | 포 도 | 호랑이 | 전화기 | 양파 | 연필 |

1 틀린 글자에 ○하고 맞는 글자를 찾아 바르게 고쳐 쓰세요.

기위 ➡

양타 ➡

아마 ➡

보기

| 파 | 하 | 카 |
|---|---|---|
| 투 | 키 | 코 |

2 무엇이 보이나요? 빈칸에 알맞은 글자를 써 보세요.

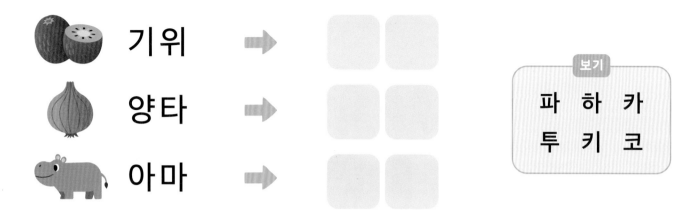

늘

운 동

바　　　마

3 길을 찾아가 동물 친구들의 이름을 써 보세요.

랑 이

조

알 라

4 빈칸에 들어갈 글자를 써 보세요.

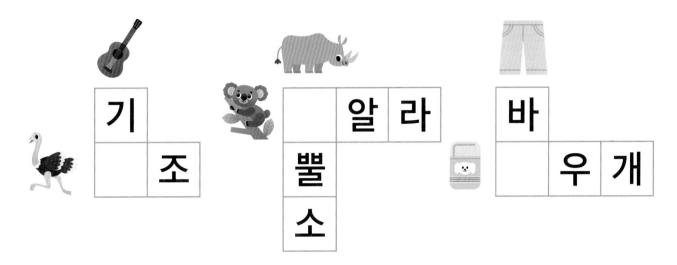

5 '자'가 들어가는 낱말에 ○표 하세요.

6 그림을 보고 글자를 써 보세요.

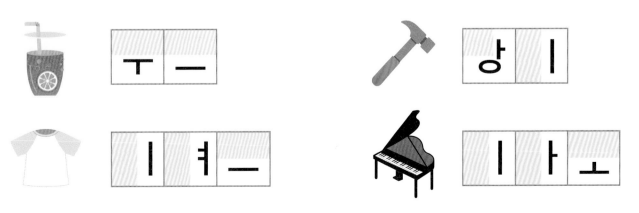

# 새로 배운 낱말

# 새로 배운 낱말

## 가나다 순

모두 225개의 낱말을 익혔어요.
그림을 보며 낱말을 큰 소리로 읽어보세요.

 가위 7, 9단계

 개 9단계

 거울 1, 9단계

 거위 7단계

 게 4단계

 겨울 5단계

 고구마 11, 9단계

 고래 2단계

 고릴라 10단계

 고양이 3단계

 곰 9단계

 과자 8단계

 교실 6단계

 구두 10, 9단계

 구름 2단계

 귀 7단계

 그네 9단계

 그림 3단계

 기와 8단계

 기차 3단계

 기타 14단계

 나무 9, 11단계

 나비 1, 9단계

 냄비 3, 11단계

 너구리 1, 9단계

 네모 4, 9단계

 노랑 9단계

노래 9단계

 리본 10단계

 바다 1, 11단계

 뉴스 6단계

 말 11단계

 바위 7단계

 다람쥐 10단계

 망치 13단계

 바지 11, 13단계

 다리 10단계

 매미 4, 11단계

 박쥐 7단계

 다리미 11단계

 모래 7단계

 배 11단계

 달 10단계

 모으다 3단계

 버스 3단계

 돼지 10단계

 무늬 8단계

 벌 11단계

 두부 10단계

 무지개 13단계

 벼 5단계

 라디오 2, 10단계

 문어 1단계

 보라 11단계

 로봇 10단계

 바나나 9단계

 복숭아 11단계

비누 2, 9단계

 비행기 11단계

 빗자루 10단계

 사과 8단계

 사자 12단계

 사탕 12, 14단계

 상어 1단계

 새우 4, 12단계

 색종이 12단계

 석유 6단계

 세모 11, 12단계

 세탁기 4단계

 송아지 1단계

 쇼핑 6단계

 수건 12단계

 수박 12단계

 시소 2단계

 아기 1, 9단계

 아래 1단계

 아버지 1단계

 아주머니 1단계

 아침 1, 12단계

 아파트 1단계

 악어 1단계

 애국가 4단계

 애니메이션 4단계

 애벌레 4, 12단계

 애호박 4단계

 야간 5단계

 야구 5단계

야금야금 5단계

 어부 1, 12단계

 여의도 8단계

 야수 5단계

 에너지 4단계

 여자 5단계

 야자수 5단계

 에디슨 4단계

 여행 5단계

 야채 5단계

 에스파냐 4단계

 연필 15단계

 야호 5단계

 에어로빅 4단계

 예의 8단계

 약국 5단계

 에어컨 4단계

 오렌지 2단계

 양말 5단계

 여기 5단계

 오리 2, 12단계

 양파 5, 15단계

 여덟 5단계

 오이 2단계

 어린이 1, 3단계

 여름 5단계

 오징어 1, 2단계

 어머니 1, 12단계

 여우 2, 5단계

 오토바이 2단계

와글와글 8단계

 와르르 8단계

 와인 8단계

 와플 8단계

 외계인 7단계

 외국인 7단계

 외모 7단계

 외식 7단계

 외투 7단계

 요가 6단계

 요구르트 6, 14단계

 요리사 6단계

 요요 6단계

 요정 6단계

 요트 6, 14단계

 우동 2단계

 우산 2, 12단계

 우유 2, 6단계

 우주 2단계

 우표 2, 6단계

 운동화 15단계

 원숭이 3단계

 위로 7단계

 위성 7단계

 위치 7단계

 위험 7단계

 유럽 6단계

 유령 6단계

 유리 6단계

 유모차 6단계

유치원 6단계

 으깨다 3단계

 으뜸 3단계

 으르렁 3단계

 으리으리하다 3단계

 으스스 3단계

 의견 8단계

 의사 8단계

 의자 8단계

 이름 3단계

 이불 3, 12단계

 이사 3단계

 이야기 3, 5단계

 인형 15단계

 일요일 6단계

 자동차 13단계

 자물쇠 7단계

 잔디 3, 10단계

 잠자리 13단계

 장갑 13단계

 장애인 4단계

 전화기 15단계

 조개 4, 13단계

 종이 3단계

 주스 2, 12, 13단계

 주유소 6단계

 지우개 2, 12, 13단계

 참외 7단계

 초 13단계

 초록 13단계

초콜릿 14단계

 최고 7단계

 축구 13단계

 치마 11, 13단계

 치약 13단계

 치와와 8단계

 치즈 3단계

 칫솔 13단계

 캥거루 10단계

 케이크 14단계

 코 14단계

 코뿔소 14단계

 코알라 10, 14단계

 키보드 14단계

 타조 13, 14단계

 토끼 14단계

 튀김 7단계

 티셔츠 14단계

 파도 15단계

 파인애플 4단계

 판다 15단계

 포도 2, 10, 15단계

 풀 15단계

 피아노 4단계

 피에로 4단계

 필통 14단계

 하늘 15단계

 하마 15단계

 해 15단계

 허리 1단계

"다음 단계도 함께 도전해 봐요!
똑똑한 한글떼기 2권에서 만나요!"

117

♪ 저자소개

## 권미경

이화여자대학교 국어교육과 대학원을 졸업하고
약 10년간 수능 국어 문제집 <씨뮬>, <꿈틀 밥비> 등을
개발하다가 아이를 낳고 유·초등 국어 학습의 중요성을 느꼈습니다.
이후 <용선생 독해>, <에듀윌 초등 문해력>, <꿈틀 문해력 완성>,
<단비교육 윙크 속담, 사자성어> 등 어린이를 위한 국어 교재와
컨텐츠를 개발, 집필하고 있습니다.

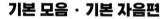

# 똑똑한
# 한글 떼기 ❶
## 기본 모음 · 기본 자음편

| | |
|---|---|
| 2쇄 | 2025년 3월 25일 |
| 발행인 | 이기선 |
| 발행처 | 제이플러스 |
| 책임집필 | 권미경 |
| 삽화 | 김세영 |
| 등록번호 | 제10-1680호 |
| 등록일자 | 1998년 12월 9일 |
| 주소 | 경기도 고양시 덕양구 향동로 217 |
| 전화 | 영업부 02-332-8320  편집부 02-3142-2520 |
| 팩스 | 02-332-8321 |
| 홈페이지 | www.jplus114.com |
| ISBN | 979-11-5601-277-1 |

똑똑한 한글떼기

# 상장

이름 : _____

위 어린이는 똑똑한 한글떼기 1권을 성실히 마쳤기에
이 상장을 수여합니다.
어린이의 열정과 노력을 응원하며,
앞으로도 멋진 성장을 기대합니다!

_____ 년 _____ 월 ____ 일

 똑똑한 한글떼기

# 똑똑한 한글 떼기 ❶   붙임딱지

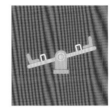
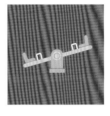

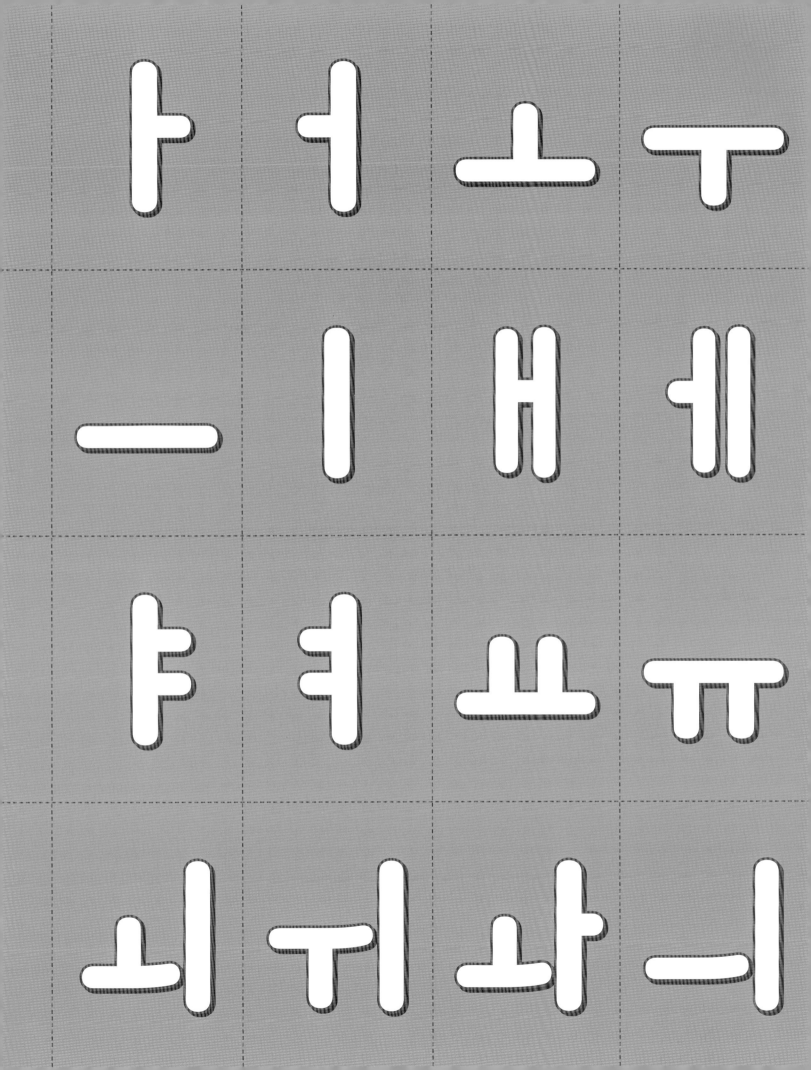

우유

오리

어부

아기

에너지

애국가

이사

으르렁

유리

요리사

여우

야구

의사

와플

위험

외투

똑똑한
한글 떼기
1

기본 모음 · 기본 자음편

로봇

다리

나비

곰

우산

사자

바지

모래

토끼

키위

치마

조개

하마

양파